I0140564

Lb54 1005

PARIS INCOMPATIBLE

AVEC

LA RÉPUBLIQUE

PLAN D'UN NOUVEAU PARIS

OU LES RÉVOLUTIONS SERONT IMPOSSIBLES,

PAR

HENRI LECOUTURIER.

BIBLIOTHÈQUE NATIONALE R.F. IMPRIMÉS

PARIS,
DESLOGES, ÉDITEUR, 39, rue Saint-André-des-Arts.

1848.

PARIS. — Imp. de LACOUR, rue St-Hyacinthe-St-Michel, 29.

INTRODUCTION.

Ce petit livre n'est pas sorti d'une plume réactionnaire. L'auteur a la prétention de se croire bon citoyen. Républicain la veille, il le sera encore le lendemain. La révolution politique est faite, il ne veut plus que la révolution sociale ; et le jour où elle sera accomplie, il cessera d'être révolutionnaire. Mais comme il y a socialisme et socialisme, il ne veut pas qu'on le prenne pour ce qu'il n'est pas ; il précise.

Son socialisme, à lui, s'arrête aux confins du communisme, où commence le démembrement de la propriété et de la famille. Il n'est pas plus disposé qu'un autre à tolérer les excès du droit de propriété, mais il maintient ce droit en principe comme lien de la famille et comme base de toute organisation sociale.

Il n'écrit pas pour dégoûter de la République, Dieu l'en garde! car il déclare qu'il a toujours été républicain et qu'il le sera toujours, quoi qu'il arrive. S'il a rencontré quelques plaies sur le corps social, ce n'est pas lui qui les a faites; il ne les a sondées que pour en montrer la profondeur et leur appliquer un remède à l'avenant. Le mal est grand, mais il serait plus grand encore qu'il n'en faudrait pas désespérer. Avec des gens pleins de bonne volonté, comme doivent être des républicains, rien n'est impossible.

L'auteur attaque Paris; il est donc fédéraliste.

Et d'abord l'auteur n'attaque point Paris, il ne fait que constater la situation de Paris. Il n'est point fédéraliste; il veut la république *une et indivisible* comme la France; il veut Paris capitale de la France, mais il ne veut pas que le Paris des rois soit posé comme tête sur les épaules de la France républicaine ; il suppose que, pour la France organisée républicainement, il faut un Paris organisé de même.

Que Paris soit la tête qui pense, le cerveau qui dirige, passe ! mais qu'il soit en même temps le bras qui exécute, c'est exorbitant ! Il gâte la besogne en paralysant la vie du reste de la France. La province a peu de poids dans ses décisions ; c'est, dans ses mains, un instrument passif dont, il faut bien l'avouer, il se sert rarement à son désavantage.

Paris, l'enfant gâté de la monarchie, a été assez mal éduqué ; et il n'a pas eu sur les ongles à toutes les incartades qu'il s'est permises. Trop souffert dans ses caprices, il a fini par en faire des lois et par les imposer à tout le monde. Comme à ces enfants maussades, habitués à se traîner dans le ruisseau, il a presque fallu lui faire violence pour le débarbouiller et lui ôter le plus gros de sa crasse ; ce n'est que lorsqu'il a été grand qu'on a pu lui faire un peu de toilette. Tout n'est pas fini ; il reste encore à détruire bien des antres de malpropreté dans lesquels il se plaît, et on aura de la peine à lui faire prendre les habitudes hygiéniques que comporte sa vie renfermée.

Au reste, Paris est bien la ville du monde la plus révolutionnaire par nature. Pour lui, les révolutions sont un besoin ; sa conformation l'y porte autant que ses instincts. On se flatte que la République, comblant tous ses vœux, sera le quinquina de cette fièvre insurrectionnelle, parce qu'il n'a plus rien à désirer au-delà d'une constitution purement démocratique... Erreur ! Le moindre prétexte lui suffira pour un remue-ménage, tandis qu'il n'aura pas réglé à l'amiable ses affaires de famille.

Veut-on que Paris cesse d'être révolutionnaire ? Faisons qu'il ne soit plus un monopole aux mains de quelques rentiers fainéants, que tous les honnêtes gens puissent y former un établissement définitif, que l'homme laborieux puisse y devenir propriétaire sans être monopoleur, et que chacun soit intéressé à sa conservation. A cette condition, Paris cessera d'être une ville de passage, le pied-à-terre de l'Europe; il y aura là de la famille, de la moralité, de l'ordre et un gouvernement possible qui aura pour assiette les intérêts de tous.

Il a fallu à Paris une grande force vitale pour résister à tous les chocs qui l'ont ébranlé, pour ne pas être épuisé par cette nuée d'insectes parasites qui, de tous les coins du monde, se sont abattus sur lui comme sur une proie, pour avoir gardé forme humaine sous les cancers qui l'ont rongé, sous les lèpres hideuses qui l'ont enlaidi; il lui a fallu une forte somme de bons instincts pour conserver encore quelques traces de vertus et de nobles sentiments au milieu de ce déluge immonde d'immoralités où il s'est trouvé plongé jusqu'au cou.

Mon but n'est pas de *dépariser* la République, mais de la *franciser* davantage.

PARIS INCOMPATIBLE

AVEC

LA RÉPUBLIQUE.

I. — Destruction de Paris prédite.

A la veille des grands événements de février, quand chaque fait les annonçait, quand chaque jour, chaque heure nous y entraînait irrésistiblement, les populations, poussées par le besoin de se prémunir contre les déchirements inséparables de toute grande métamorphose, couraient à la recherche de l'inconnu, même par la voie de la superstition. L'esprit fort n'est de saison que dans les temps calmes ; aux jours des catastrophes, il s'affaisse de peur d'être terrassé.

Que de troubles, d'insomnies et de cauchemars au moindre signe, au moindre spectacle inusité ! L'aurore boréale rougit-elle le firmament ? c'est une pluie de sang qu'elle présage au monde. Du plus loin qu'une comète montre sa queue, c'est l'univers qu'elle va embraser. Cette année avait eu déjà des aurores boréales, comme elle devait avoir une comète, mais une comète des plus sinistres qui, jusqu'ici, n'était apparue qu'en des jours de carnage et de bouleversement. Ce qui épouvantait surtout, c'était la concordance de ces lugubres messagers d'en haut avec les munitions, les boulets, les bombes et les projectiles de toute espèce qu'on accumulait en bas dans le réseau de bastilles qui encadre Paris.

Voilà qui n'était guère rassurant ! Ce qui l'était moins encore, c'était la prophétie d'un certain Olivarius, maître sorcier du XVIe siècle, qui, après avoir raconté les péripéties de la grande épopée républicaine et impériale, s'exprimait ainsi sur notre époque : « Dans LUTECIA, la Seine rougie « par sang, suite de combats à outrance, « étendra son lit par ruine et mortalité. »

Ajouter à cela la prédiction de la plus cé-

lèbre de nos sybilles : « Si la fureur de l'a-
« narchie éclatait encore parmi nous, dit
« mademoiselle Lenormant dans son style
« de 1817, je frémis en pensant aux fléaux
« qui fondraient sur notre malheureuse pa-
« trie. Paris surtout subirait le sort le plus
« épouvantable ; car il est prédit que la
« flamme du ciel seconderait la fureur des
« ennemis. Guerriers, femmes, enfants,
« vieillards, tous, sans distinction, seraient
« livrés au tranchant du glaive. Le Pari-
« sien lui-même, la rage et le désespoir
« dans le cœur, et tout plein de la leçon que
« le Moscovite nous donne, aiderait d'une
« main furieuse les efforts des Barbares
« acharnés à la ruine des cités ; des torches
« enflammées s'attacheraient aux toits des
« maisons. Tout Paris ne présenterait bien-
« tôt plus qu'un vaste embrasement. . . .
« . . . .
« Enfin Paris dépouillé de tout ce qu'il ren-
« ferme de grand, de magnifique, de glo-
« rieux, rentrerait une seconde fois dans les
« étroites limites des siècles de barbarie. »
Ou, selon le mot d'Isnard, à la tribune de

la Convention nationale : « Paris serait « anéanti, et bientôt on chercherait sur les « rives de la Seine si Paris a existé. »

L'épouvantable insurrection de juin n'est pas tout-à-fait cela. Serions-nous menacés d'une autre plus épouvantable encore? Cependant, à la suite de tant de calamités, le susdit Olivarius ajoute qu'un homme viendra qui fera respecter le nom de la France, qui règlera la destinée du monde et posera les bases d'une SOCIÉTÉ NOUVELLE. Qui vivra, verra!

La destruction de Paris, noyé dans le sang de plus d'un million d'hommes et s'abîmant dans les flammes serait bien la plus effrayante et la plus déplorable des catastrophes, mais que Paris, devenu trop monstrueux, vînt à décroître et s'effacer peu à peu, sans secousse et sans bruit, selon la loi inévitable qui a rayé de la carte Babylone, Ninive, Memphis, Palmyre, Carthage, etc., quel mal en résulterait-il?

Ce que je dirai de Paris sera applicable à toutes les grandes cités manufacturières, et, d'autant plus, que par le développement de leur industrie et la multitude de leurs habitants, elles ressembleront davantage à cette immense fourmilière humaine.

II. — Paris mange la France et ne produit pas.

Agglomération de maisons, agglomération de misères!

Il n'est point un recoin de la terre, si favorisé qu'il soit, où Dieu ait accumulé la matière première de travaux sans nombre ni mesure. Les villes, interdites à toute production naturelle, sont devenues des machines accélérées de consommation et d'une consommation d'autant plus effrayante que, n'ayant pas là l'air, le jour, le soleil qui sont la moitié de la vie, l'homme doit suppléer par l'art à la nature qui lui fait défaut. De là mille besoins inconnus ailleurs, auxquels on ne pourvoit qu'à grands frais.

Une cité grosse d'un million de bouches bien mangeantes, absorbe à elle seule la trentième partie, sinon plus, des productions d'un pays de 33 millions d'hommes. Les vivres qu'on y amène de quatre-vingts ou cent lieues partent en bon état et arrivent gâtés. Remis aux mains d'industriels, ils passent dans celles du consommateur, falsifiés, dénaturés, et cependant celui-ci les paie le triple de ce qu'ils coûtent sur le lieu qui les a produits. Avec des besoins triples et trois fois plus coûteux à satisfaire, il faut être riche en province pour être pauvre à Paris.

Pour que l'ouvrier vécût à Paris, il faudrait que son travail lui fût payé six fois plus qu'autre part, mais il l'est à peine autant et il n'y en a pas pour tout le monde. Que d'existences vigoureuses et puissantes réduites à rien, à charge à elles-mêmes, inutiles sinon funestes aux autres, sont entassées pêle-mêle dans ce mince rayon d'une lieue sur les deux rives de la Seine!

Parmi les salariés, les aristocrates sont pauvres, la classe moyenne est indigente, les affamés forment la plus infime et la plus nombreuse catégorie. Il y a donc trois classes de travailleurs : ceux qui ont quelques avances, ceux qui, n'ayant ni avances ni retard, vivent du salaire de chaque jour, enfin ceux qui n'ayant que des dettes, vivent aux dépens d'autrui.

Le chômage de l'homme qui n'a rien que ses bras et sa jeunesse, c'est l'assaut continuel de la faim contre la probité, c'est la sollicitation permanente de la misère vers le crime. Le sentiment de la conservation fait taire chez lui tous les autres sentiments. Quand il a mis la société en demeure d'employer à bien les forces qu'il lui offre, il les tourne contre elle. Qu'on ne soit pas surpris de voir aujourd'hui à la piste d'une bourse, à l'affût d'une boutique l'honnête homme d'hier, on l'a réduit à vivre *per fas et nefas*. Son séjour à Paris, s'il se prolonge, le mènera droit à la cour d'assises, entrée en scène d'une vie dramatique qui se dénouera infailliblement au bagne ou sur l'échafaud.

Tandis qu'une moitié de Paris meurt de faim, l'autre moitié mange pour deux. La Centralisation est sa pourvoyeuse; c'est l'épuisement de la France qui produit au profit de Paris qui dévore. Le nécessaire ne lui suffit pas, le superflu est une de ses conditions d'être. Paris n'est pas seulement l'ogre qui vit de chair, c'est encore le tonneau des Danaïdes que tous les trésors de la France ne suffiraient pas à combler. Mais Paris ne fait pas que de consommer, il produit aussi, dira-t-on. — Je le nie.

Qu'on ferme pendant un mois toutes ses barrières; qu'on le mette en état de blocus au temps de sa plus grande activité, à l'époque où le commerce fera ses plus grosses affaires, Paris criera famine. De quoi te plains-tu? lui répondrai-je; ne produis-tu pas? Eh bien! mange ce que tu produis.

Et Paris mourra de faim auprès de ces pierres précieuses, de ces bijoux d'or et d'argent, de ces étoffes magnifiques, de ces parures splendides, de ces masses de papiers noircis et enluminés, de ces joyaux de toute espèce qu'il a sous la main, vains ornements, nécessité du luxe, hochets d'une civilisation en décrépitude. Non que je prétende insinuer que la République doive proscrire les arts, au contraire, je veux qu'elle prenne sous sa tutelle les arts qui élèvent l'âme ; mais aussi je veux qu'elle répudie ceux qui y introduisent la mollesse et dépravent les mœurs. En tout cas, le premier des arts d'agrément n'a rang qu'à la suite du dernier des arts utiles.

Paris ne subsisterait pas un mois sans la France ; et la France n'en continuerait pas moins à vivre et à prospérer sans s'apercevoir seulement que Paris lui manque.

Le Paris de la richesse ne sachant que faire de son superflu, a cherché dans les raffinements de l'art une distraction pour ses sens blâsés, aussitôt le Paris de la misère s'est mis à l'œuvre ; l'industrie a mis en jeu toutes ses ressources ; des produits de plus en plus merveilleux et de plus en plus inutiles en ont découlé ; le luxe a fait fureur, et toutes les industries se sont tournées au luxe. La concurrence est venue, amenant à sa suite la banqueroute ; et tout ce fatras d'oripaux s'est vendu à vil prix sur la place. Qu'on vante tant qu'on voudra cet industrialisme parisien ! moi je maintiens qu'il a fourni à la corruption son aliment le plus puissant et qu'il a été le levain de cet esprit de ruse, de fraude et d'improbité qui tend à se naturaliser français.

Si quelqu'un en France crie contre le luxe, c'est, sans contredit, la population ouvrière de Paris, et pourtant cette population ne vit que de luxe ; chaque jour elle fait du luxe en échange d'un morceau de pain. Je ne sache pas qu'il y ait à Paris bien des corps de métiers qui s'occupent de la production d'objets de première nécessité (je dis production et non préparation).

Quant à l'utilité de l'industrie parisienne, il me semble que si elle n'existait pas, on n'en vivrait ni plus mal ni moins longtemps ; j'ose même croire que la France n'y perdrait rien. Ce qui se fait de bon ici pourrait tout aussi bien se faire ailleurs. Les arts utiles, rayonnant de toutes parts, initieraient la nation entière à leurs merveilles ; et le peuple en possession d'un bien-être réel à la campagne, ne se verrait pas obligé de le sacrifier pour venir à Paris chercher un bien-être factice.

III. — Paris tel qu'il est.

La plupart des hommes qui ont fait le portrait de Paris se sont plus préoccupés de le faire beau que ressemblant. Ces récits emphatiques et exagérés, colportés au loin, ont monté l'imagination des peuples ; et Paris, vu à travers le prisme de la distance, est devenu pour eux la ville des merveilles, un Éden féerique, le nouveau paradis terrestre. Malheureusement Paris n'est rien de tout cela. Quelle déception quand, abusé par les mensonges de la renommée, on vient à le voir de près sans autre prisme que celui de la réalité.

Si du haut de Montmartre ou de toute autre colline des environs, on envisage cet encombrement de maisons entassées sur tous les points d'un horizon immense, que remarque-t-on? Au-dessus, un ciel toujours nébuleux, même dans les plus beaux jours. Des nuages de fumée, comme un vaste rideau flottant, le dérobent à la vue. Une forêt de cheminées garnies de tuyaux noirs ou jaunâtres, rendent le spectacle singulièrement monotone ; l'œil n'a pour se reposer que quelques sommets noircis, s'élevant çà et là au-dessus des plus hautes maisons, ce sont les têtes de nos fameux monuments. A cet aspect, on est tenté de se demander si c'est bien là Paris ; et, pris d'une crainte subite, on hésite à s'engager dans ce vaste dédale où se coudoie déjà un million d'hommes, où l'air vicié d'exhalaisons insalubres, s'élevant en nuage infect, suffit presque pour obscurcir le soleil.

Le plus grand nombre des rues de ce merveilleux Paris, ne sont que des boyaux sales et toujours humides d'une eau empestée. Etroitement serrées entre deux rangs de hautes maisons, le soleil ne descend jamais jusqu'à elles et ne visite que le haut des cheminées qui les dominent. Pour voir de là le ciel, il faut regarder perpendiculairement au-dessus de sa tête. Une foule blême et maladive les traverse sans cesse, le pied dans le ruisseau, le nez dans l'infection, et l'œil frappé à chaque coin de borne par la plus repoussante ordure. Ces rues sont habitées par les ouvriers les plus aisés.

Il y a, en outre, des ruelles où deux hommes ne peuvent marcher de front ; vrais cloaques d'immondices et de boue, où une population chétive et étiolée respire journellement la mort. Ce sont les rues encore intactes de l'ancien Paris. Le choléra les avait si bien flagelleés, à son passage, qu'il comptait ne plus les retrouver, dans le cas d'une nouvelle invasion ; cependant elles sont encore debout pour la plupart, leur régime est le même, et le fléau peut revenir.

Si Paris n'a pas d'air pour ces malheureux déshérités de la lumière, qu'ils aillent plutôt camper en rase campagne, sous l'œil de Dieu. Ils y seront mieux qu'au milieu de leurs concitoyens qui semblent en faire la part du feu, en les abandonnant à la peste.

Il est d'autres quartiers plus beaux, plus aérés, plus salubres ; mais ils ne sont habités que par ceux qui n'habitent pas annuellement à Paris, C'est là que sont les magnifiques hôtels de ceux qui vivent à la campagne, qui prennent les eaux et voyagent pendant la belle saison.

Un égout n'est pas la Seine, disait le *Vieux Cordelier* au *Père Duchêne*. Non, mais la Seine est un égout, répondrai-je. Qui ne l'a reconnue pour telle, en voyant de vingt-cinq pas en vingt-cinq pas, sur ses deux rives, cette multitude de canaux souterrains qui, des extrémités de la ville, lui charrient toutes les impuretés de la capitale? Qui n'a senti l'odeur nauséabonde qu'elle dégorge? Qui n'a vu avec dégoût son eau noire, épaisse, mêlée de débris en pourriture, et plus propre à engraisser un champ de blé, qu'à désaltérer un gosier humain? C'est pourtant dans cette fange que le parisien souille son corps sous prétexte de se baigner; c'est ce bourbier qui entre dans tous ses aliments et qu'on lui sert pour boisson. Une fois cette eau filtrée, il la tient pour excellente et la changerait à peine pour de l'eau de roche. Pour moi, j'en ai toujours eu répugnance, et aujourd'hui même je ne la bois pas encore avec cœur.

Enfin, voyons comment Paris est jugé par un des poètes les plus vigoureux de la génération de 1830 :

Il est, il est sur terre une infernale cuve,
On la nomme Paris; c'est une large étuve,
Une fosse de pierre aux immenses contours
Qu'une eau jaune et terreuse enferme à triples tours;
C'est un volcan fumeux et toujours en haleine
Qui remue à longs flots de la matière humaine :
Un précipice ouvert à la corruption
Où la fange descend de toute nation,
Et qui, de temps en temps, plein d'une vase immonde,
Soulevant ses bouillons déborde sur le monde.
Là, dans ce trou boueux, le timide soleil
Vient poser rarement un pied blanc et vermeil;
Là les bourdonnements nuit et jour dans la brume,
Montent sur la cité comme une large écume;
Là, personne ne dort, là toujours le cerveau
Travaille, et, comme l'arc, tend son rude cordeau.
On y vit un sur trois, on y meurt de débauche;
Jamais, le front huilé, la mort ne nous y fauche,
Car les saints monuments ne restent dans ce lieu
Que pour dire : autrefois, il existait un Dieu.

. . . .
. . . .

La race de Paris, c'est le pâle voyou
Au corps chétif, au teint jaune comme un vieux sou;
C'est cet enfant criard que l'on voit, à toute heure,
Paresseux et flânant, et loin de sa demeure,

Battant les maigres chiens, ou le long des grands murs
Charbonnant en sifflant mille croquis impurs;
Cet enfant ne croit pas, il crache sur sa mère,
Le nom du ciel pour lui n'est qu'une farce amère;
C'est le libertinage enfin en raccourci;
Sur un front de quinze ans c'est le vice endurci.

A. BARBIER.

IV. — Il n'y a pas de société parisienne.

Il n'y a à Paris que les douleurs de réelles : le plaisir y est factice, le bien-être apparent, la santé maladive, la morale un mot, la liberté un fantôme, l'égalité une chimère et la fraternité une utopie.

Je serais presque tenté de me demander si Paris existe. Il y a bien aux rives de la Seine une agglomération de maisons, de rues, de places qu'on appelle Paris, mais tout cela, loin d'être pour moi Paris, n'en est à mes yeux que l'uniforme. Une ville consiste moins dans ses monuments que dans ses habitants ; c'est une réunion d'hommes vivant depuis des siècles sur le même sol, en communauté d'opinions et d'intérêts et transmettant à ses enfants ses légendes, ses traditions et ses idées.

Paris ne réunit pas ces conditions ; c'est une vaste mosaïque composée de presque autant de pièces dissemblables qu'il a d'habitants. Y a-t-il au fond de son million d'hommes, une société homogène, quelque petite qu'elle soit, qui puisse se dire parisienne ? Reste-t-il encore vingt familles abritées, depuis Louis XV, sous le toit paternel, conservant les vieilles traditions et le souvenir des ancêtres, tenant à leur patrimoine comme à leur vie, qui ne se soient pas dispersées à la première menace de l'ouragan populaire ? Non, Paris, la ville des révolutions, s'est transformé plusieurs fois en un demi-siècle.

Les vieux éléments qui le constituaient, ont été violemment dispersés ; une société nouvelle s'est élevée sur ses ruines ; celle-là a fait place à une autre qui, à son tour, a été remplacée. Paris n'est plus qu'une série de sociétés qui se succèdent. Les mœurs simples, tranquilles et innocentes de la famille ne sont pas possibles sur les bords volcaniques de la Seine, où les idées sont toujours en éruption.

Paris, le foyer de toutes les lumières, est devenu aussi le foyer de toutes les passions bonnes et mauvaises. A la place des gens paisibles qui s'en allaient, on a vu aborder de tous les coins de la France et de l'Europe, les hommes de mouvement qui marchent au-devant des révolutions, parce qu'ils n'ont qu'à y gagner, les artistes, les écrivains, les savants, les industriels, les spéculateurs, en un mot, tous ceux qui n'ayant pas la fortune sous la main, courent après. Mais la fortune a ses favoris et ne se donne pas à tout le monde. Le plus grand nombre de ces hommes menant une vie précaire, sans établissement fixe, attendent dans le provisoire, l'occasion de se faire valoir.

Ceux-là, poussés à Paris par les talents qu'ils ont ou qu'ils croient avoir, ne se bercent du moins que d'espérances légitimes ; tandis que d'autres s'y réfugient contre le mépris et la honte qui les attendent ailleurs; ils viennent jouir des douceurs de l'incognito jusqu'à ce que l'œil de la justice s'ouvre sur eux. La population parisienne se compose de tout ce qu'il y a de plus mauvais et de meilleur en France ; c'est la lutte éternelle du bon et du mauvais principe.

V. — **Dégénérescence des races à Paris.**

De même que la vigueur et la longévité d'un arbre dépendent du sol où il est planté autant que de la sève qui circule dans ses vaisseaux, de même l'avenir d'une race d'hommes dépend du milieu où elle respire autant que du sang qu'elle a dans ses veines. Quelque abondants que soient les principes de vie dont son auteur l'ait dotée, ils iront en s'amoindrissant, absorbés qu'ils seront par les races voisines qui en manquent. Il semble qu'il y ait solidarité entre le riche et le pauvre qui sont en contact : le riche s'appauvrit au profit du pauvre, le pauvre s'enrichit aux dépens du riche.

Il n'y a qu'une loi pour toute la nature, au moral comme au physique. Le fer rouge, qu'on expose à l'air, se refroidit à mesure qu'il réchauffe l'air environnant; il se fait entre eux un échange continuel d'émanations qui ne cesse que lorsque la température est devenue uniforme pour l'air comme pour le fer. C'est dans la nature matérielle le grand principe de l'égalité, je dirais presque de la fraternité; c'est le partage égal du bien et du mal entre tous les êtres qui se touchent; c'est un acheminement à l'égalité de bien-être.

Paris, dans l'état actuel de notre société, ressemble à une forêt de chênes où les petits sont étouffés par les grands. Les petits montent pour mettre leurs têtes à la hauteur des plus élevés, et partager avec eux les douceurs d'un rayon de soleil. Menacés d'être étouffés, ils n'avaient pas de temps à perdre et ils ont dépensé à se grandir toute la sève et la vigueur qu'ils avaient à répartir entre leur accroissement en grosseur et en élévation. S'ils ne meurent en route, ils arrivent maigres et fluets au niveau des plus hautes cimes. Parvenus là, ils ne s'y maintiennent pas; le premier coup de vent les brise, ou, la sève leur faisant défaut, ils sèchent sur pied.

Qu'on ne juge pas de la santé de Paris par quelques teints vermeils, quelques ventres proéminents qu'on rencontre, çà et là; la la fièvre enlumine les visages mieux encore que la santé; l'ivrognerie flétrit d'une tache indélébile le visage aviné de l'intempérant. La mine vermeille n'est pas la santé, c'est la fausse monnaie de la santé.

Paris est aussi malsain pour l'âme que pour le corps. Solidarité complète entre ces deux parties d'un tout qui est l'homme. L'ébranlement communiqué à l'une a pour l'autre un contre-coup. L'âme n'est pas sereine quand le corps grimace; et quand le cœur est affligé, les yeux en sont le miroir. Le malaise physique engendre le malaise moral; pour remédier à cette double douleur, le malheureux cherche à s'oublier en étourdissant l'esprit qui réfléchit et en jetant dans l'inertie la matière qui souffre. De là tous les dérèglements et tous les vices.

VI. — Ivrognerie, remède contre la misère.

L'homme faible et épuisé demande des forces à des boissons frelatées et débilitantes; l'ivrognerie est le coup de fouet, qui, tendant tous les ressorts de son être, le rend un instant supérieur à lui-même pour le plonger, abruti, languissant, dans la plus avilissante atonie.

L'ivrognerie est fille de la misère. Elle tient moins aux excès de boissons qu'à leur mauvaise qualité. Un riche, pour s'enivrer à sa table, après un bon dîner, a besoin de boire quatre fois plus qu'un pauvre presque à jeun, buvant le vin bleu, debout devant un misérable comptoir à la barrière. Il y a des ivrognes partout, mais plus à la ville qu'au village. L'occasion est un tyran; à la ville, il est plus aisé de le satisfaire qu'autre part. Celui qui s'enivre à la campagne, obéit à un penchant déréglé de sa nature ; celui-là est un homme grossier auquel il n'a souvent manqué, pour être tempérant, que la première ébauche de l'éducation.

Comme une ivresse est moins coûteuse à la ville qu'un repas, celui qui n'a pas assez pour boire et manger, aime mieux boire à discrétion que de boire et manger à demi. Les adorateurs de la bouteille ne sont pas, il faut le dire, les vrais travailleurs ; on ne les trouve guère que dans la population flottante, sans frein ni lien, sans foi ni loi, qui ne se dit ouvrière que pour avoir le droit de ne pas travailler. Les gens, dans le bien-être, qu'une éducation quelconque a dégrossis, et qui pourtant se livrent à cette passion dégradante, sont des gens à renoncer.

Détruire l'ignorance dans les campagnes, c'est y détruire l'ivrognerie ; mais dans les villes, l'ivrognerie ne disparaîtra qu'avec l'ignorance et la misère. C'est à l'agriculture à opérer ce miracle.

VII. — Concubinage. Un bâtard sur trois enfants.

Paris ne se reproduit pas, il se recrute. Aucune génération n'a de liens de parenté avec l'autre. Pour la plupart de ses habitants, s'associer à une femme, serait l'association de deux misères, mieux vaut vivre seul. On ne naît pas à Paris, mais on y meurt. Les registres de l'état civil, encombrés à l'article *mort*, sont presque vides à l'article *mariage*. L'article *naissance* est plus rempli qu'on ne le supposerait, mais le nom du nouveau-né est, dans le *tiers* des actes, suivi de la formule invariable : *enfant naturel*.

La nature nous avait assigné une femme à chacun, la société ne nous permet qu'une maîtresse. En refusant au pauvre le moyen d'avoir une femme légitime, la société lui a refusé le moyen d'être moral. De celle qui aurait été une bonne mère de famille, elle a fait une prostituée. Des enfants en seraient nés, sains, vigoureux, élevés à l'école de la vertu, qui n'auraient pas eu à rougir de leur naissance, et qui, devenus citoyens, auraient payé la dette contractée pour eux envers le pays. La société les aurait donnés enfants à la famille, la famille les aurait rendus hommes à la société.

Au lieu de cela, quels enfants voit-on naître dans les villes? Des enfants frêles, rachitiques, précocement marqués, pour la plupart, du sceau de la débauche originelle, des bâtards fatalement frappés de réprobation pour une faute qui n'est pas la leur. Ce n'est pas avec de tels éléments que la société moderne se régénèrera; il lui faut du sang pur et elle n'en trouvera que chez le paysan, cet homme rude simple et loyal que les civilisés Parisiens regardent encore comme un demi-barbare.

Refuser au jeune homme et à la jeune fille les moyens de s'unir légitimement, mauvais calcul! La société s'était abusée sur les économies qu'elle comptait réaliser, car en refusant quelques secours au père et à la mère, elle s'est condamnée à nourrir et à faire élever les enfants, sans espoir que leurs services entrent jamais en compensation des sacrifices faits pour eux. Ils semblent nés maudits des hommes et de Dieu, quoique innocents. Parias sans nom, héritiers des vices et du déshonneur, comme d'autres le sont des titres et de la fortune de leurs pères, ils sont destinés à le continuer dans sa vie misérable et méprisée, comme d'autres à vivre de l'existence fortunée que leurs parents leur ont faite.

L'homme ne devrait pas faire de catégories où Dieu n'en fait pas ; ces pauvres petits êtres, purifiés par le baptême de la lumière que le ciel leur prodigue à tous indistinctement, entrent dans le monde d'un pas égal. La société, sans tenir compte de hasards plus ou moins heureux, devrait avoir place pour tous dans ses bras, et les y recevoir tous en enfants adoptifs.

Jusqu'à ce jour, heureusement, la contagion du concubinage n'a par franchi l'enceinte des villes. A la campagne, on peut n'être pas riche, mais dès qu'on s'aime, on s'épouse ; on a des enfants et on les élève.

Si l'on gagne peu, on vit de privations et comme l'ouvrage n'y manque jamais complètement, on trouve toujours de quoi se suffire.

VIII. — La débauche partout et sous toutes les formes.

Comment la morale pourrait-elle être autre chose qu'un mot dans une ville où l'on ne met pas le pied dehors, sans se trouver face à face avec l'impudeur, la lubricité et la dégradation? Le vice est partout, il stationne dans chaque jardin public, dans chaque rue, sur chaque place, au coin de chaque trottoir, je dirais presque dans chaque maison.

Il n'a pas de forme à lui; tous les masques vont à son visage; là, il s'achalande en étalant avec cynisme ses charmes dégoûtants, en provoquant par des gestes significatifs, par des mots techniques. Il nomme chaque chose par son nom; peu lui importe que des oreilles chastes l'entendent. C'est le vice patenté, officiel, avec affiches et réclames, qui paie une taxe au gouvernement pour avoir le droit d'arracher dans la rue, à la barbe de la police, le jeune homme au bras de sa mère ou de sa sœur, et de lui faire faire sa première étape dans le chemin de la débauche. Au reste, cette prostitution se montre telle qu'elle est, sans autre amour que celui de l'argent, sans autre sentiment que celui de la bestialité; c'est la moins dangereuse de toutes; elle ne peut jeter le jeune homme dans les folies dont son âge est capable ; à peine en a-t-il goûté qu'il est rassasié.

Malheureusement, il y a des femmes pour tous les goûts, pour tous les caprices, pour toutes les fantaisies, de même qu'il y en a pour toutes les bourses : il y en a de sentimentales pour les cœurs platoniques, d'amoureuses pour les âmes tendres, de passionnées pour les enthousiastes, d'héroïques pour les caractères mâles; toutes seront vertueuses au besoin, si quelque novice en fait une condition. Leur passé, quelque compromis qu'il soit, elles sauront le colorer de manière à ce qu'il satisfasse le plus exigeant; quant à leur avenir, il sera sans doute ce qu'a été leur passé. Elles seront capables d'un court dévouement, pourvu qu'elles aient l'espoir d'en être bien et promptement payées. Ce sont les roueries du métier, roueries qui ont trop souvent rendu indestructibles, d'indignes liens qui ne devaient durer qu'un jour.

Le vice n'habite pas seulement la mansarde, on le retrouve encore sous les lambris; et le tapis-franc où on loue, à la nuit, lit et femme, n'est pas le théâtre de la plus sale débauche. Il semble qu'elle devienne de plus en plus crapuleuse à mesure qu'on monte vers les rangs élevés de la société, car les *dames comme il faut* ont aussi leurs faiblesses. Tout le monde s'en mêle : l'ouvrière fait concurrence à la femme publique, la marchande à l'ouvrière, la rentière à la marchande, la grande dame à la rentière, et presque toujours la servante à la maîtresse dans la même maison.

Les femmes de bon ton sont exploitées par la race lionne, depuis la marquise jusqu'à l'artiste. Toutes ces femmes oisives, ennuyées de tout comme de leurs maris, ne le font pas pour un salaire, elles ne le font pas davantage par amour, elles le font par passe-temps. Quant aux grandes artistes, quel que soit leur nom, ce n'est pas la branche la moins productive de leur revenu. Les jeunes et les jolies en vendent, les vieilles et les laides en achètent.

Il n'y a pas que des établissements particuliers de prostitution, il s'en tient des écoles publiques, avec l'appui de la police et le patronage du gouvernement. En effet, ces bals éhontés où les femmes prennent un masque pour n'avoir pas à rougir, sont-ils autre chose ? N'est-ce pas à une représentation de vaudeville que la jeune fille rit pour la première fois des infortunes d'un mari trompé ? théorie funeste qui se développera dans son cœur quand elle aura un époux à traiter de même. Je ne dis rien des coulisses de théâtre : tout s'y fait en petit comité et presque à huis-clos.

Ce qu'il y a de plus sacré, l'honneur de la famille, l'innocence de l'enfant, le lien de la nature, on n'en tient pas compte. Une mère vendre sa fille, un père lui faire violence, un frère souiller sa sœur, c'est inouï partout, c'est commun à Paris ! Ne cherchons pas à prémunir la province contre cet empoisonnement qui lui est inconnu ; en lui enseignant le remède, on lui enseignerait le mal. Espérons, pour l'honneur de Paris, que cette horrible gangrène, alimentée par la monarchie, ne lui survivra pas. Le *troisième sexe*, ainsi que l'a nommé M. de Balzac, avait de chauds partisans jusque dans les palais, jusque dans les plus hautes fonctions de l'Etat. Un ministre de Louis-Philippe n'est-il pas mort pour l'avoir beaucoup aimé ? Qu'il lui soit donc beaucoup pardonné ! Un tel ministre était digne d'un tel prince, et tous deux étaient indignes de la France.

IX. — Incognito, cause de tout le mal.

La première condition de moralité pour un pays est que la conduite de chacun y soit exposée à la censure de tous; qu'on habite, pour ainsi dire, dans une maison de verre. Ce résultat ne peut être atteint que dans un endroit où tout le monde se connaît, comme au village, où l'on est retenu dans le devoir par la crainte de *passer par les langues*, sorte d'avertissement, blâme préliminaire avant d'encourir la réprobation et le mépris public. Rien de pareil n'est à craindre dans les grandes villes, l'incognito y est facile, et l'incognito permet à la dépravation et au crime d'agir aussi librement au milieu d'un million d'hommes qu'au milieu d'un désert.

Ce qui fait aimer Paris, c'est cet isolement complet qui donne aux passions un libre essor. Il n'y a rien de bon à attendre de ceux qui y sont poussés par de tels sentiments; ils viennent à Paris chercher des jouissances qu'ils ne pourraient se procurer autre part qu'au prix de leur réputation et de leur honneur. Ces jouissances sont donc illicites, puisqu'elles ont besoin d'un voile? Toute jouissance illicite laisse une souffrance à la place où elle a été illégitimement prélevée, c'est un vol fait à la société. De là mille troubles! Comme toutes choses, même es plus mauvaises, sont, de nos jours, matière à industrie, on a organisé des commerces de jouissances illicites, comme on aurait organisé les plaisirs les plus permis. L'immoralité établie en fait dans les villes, a passé dans leurs habitudes, ensuite dans leurs mœurs; et les lois ont été obligées de lui faire des concessions et de la tolérer.

Tout cela ne jurait pas trop avec une monarchie qui n'était pas la vertu même; mais avec un gouvernement républicain, c'est inconciliable! La République tuera l'immoralité légale ou sera tuée par elle. Qu'on songe à refouler sur les campagnes toutes ces multitudes qui, faute d'espace pour se mouvoir, sont entassées dans les villes les unes sur les autres; que des masses entières ne soient pas exposées à se gangrener au contact d'un membre malsain! Quand on en sera là, l'œuvre de régénération sera près d'être accomplie.

X. — Les honnêtes gens n'aiment pas Paris.

Qui peut avoir pour Paris un amour pur de tout intérêt? Personne; pas même l'artiste qui ne trouve que là les chefs-d'œuvre des arts. L'artiste aime les chefs-d'œuvre en quelque lieu qu'ils se trouvent, mais il se préoccupe peu de la ville qui les renferme; il les aimerait tout autant à Marseille, à Bordeaux, à Strasbourg qu'à Paris. Ordinairement l'artiste ne le quitte pas les larmes aux yeux, quand le gouvernement lui ouvre le chemin de Rome.

L'homme qui est attaché à Paris par une position honorable ou lucrative, par ses liens de famille, ses amitiés et ses relations, s'y plaît malgré l'ennui qu'il y éprouve quelquefois et qui le force à faire de fréquents voyages au dehors; il ne l'abandonnerait qu'à regret; mais qu'il eût la même position dans une autre ville avec les mêmes avantages, il tiendrait tout autant à cette autre ville qu'à Paris.

Le travailleur ne vit pas non plus dans la contemplation des monuments, et même il les admire peu. On a eu besoin de lui répéter bien des fois que tel palais, que telle colonnade était magnifique, pour qu'il se décidât à dire : Ce n'est pas mal! *Panem et circenses* ! Du travail et des spectacles! C'étaient les deux anneaux qui fixaient à Paris les vrais ouvriers; après la fatigue, le délassement. La République les a rendus plus sérieux ; ils tiendront moins à la capitale, et ils iront, si la patrie l'exige, chercher le pain du corps et de l'esprit aux extrémités de la France.

Quant à cette population infime qui vit on ne sait de quoi ni comment, c'est celle qui est le plus fortement ancrée dans Paris, c'est celle qui en sortira la dernière; ces gens-là se disent travailleurs, et ils sont dans un chômage éternel. Gens à tout, au besoin, rien ne leur répugne que de faire le bien. Ils n'estiment que les beautés, que les merveilles, que les richesses portatives sur lesquelles ils peuvent mettre la main. Ecumeurs de rues, affûteurs de boutiques, détrousseurs de passants, ils ne connaissent qu'un travail, l'exploitation. Tirer Paris au clair, serait couper les vivres à ces hommes qui ne savent que pêcher en eau trouble.

Paris n'est pas aimable par lui-même, et il n'est guère aimé pour lui-même. La vie qu'on y mène est monotone et pleine d'ennuis. Il ne faut pas croire que les monuments, les chefs-d'œuvre, le mouvement, le bruit assourdissant, la multitude de choses nouvelles, imprévues, extraordinaires auxquels on est mêlé dans cette ville, suffisent pour nous faire un sujet éternel de distractions. Oui, pour quelque temps, mais on s'en lasse.

Il y a des hommes qui s'ennuient partout; et d'autres qui ne s'ennuient nulle part; les premiers sont ceux qui, incapables de vivre en eux-mêmes, demeurent dans l'oisiveté, les seconds sont ceux qui ont dans l'âme une mine assez féconde de pensées et de méditations pour se suffire, ou qui y suppléent par l'activité extérieure, c'est-à-dire par le travail. Une occupation est nécessaire à Paris comme partout ailleurs.

Les bons citoyens, ceux qui ont dans le cœur autant de courage que de bonne volonté, marchent, comme le soldat, où le devoir les appelle; l'occupation utile qu'on leur offre est leur poste d'honneur; ils l'acceptent avec joie, sans considérer le nom de la ville ou du village qui sera désormais leur résidence.

En résumé, il n'y a que les gens qui veulent vivre à ne rien faire, aux dépens de ceux qui travaillent, qui tiennent *quand même* à rester à Paris ou dans les grandes villes; il faut se méfier de pareils hommes.

XI. — Forêt de Bondy, brigandage, friponnerie.

Quel est le lieu de prédilection des forçats libérés, des repris de justice et des fripons de toute espèce? C'est Paris. Ils s'y plaisent, ils s'y trouvent dans leur assiette, et, pour ainsi dire, dans leur élément; aussi y abondent-ils. Ont-ils à se signaler par quelque coup de maître? ils en font honneur à Paris. Ils se jettent bien parfois sur les campagnes quand ils sont à bout ; mais, en général, l'exploitation du village est peu productive, et le paysan est connu pour brutal. Il n'admet pas la prison pour ces gens-là, et tire dessus comme sur des bêtes malfaisantes.

Chaque grande ville a une garnison occulte d'hommes dont le *général en chef* est à Brest ou à Toulon. C'est au bagne que se font les plans, et c'est de là qu'ils sont expédiés dans toutes les directions, à chaque *commandant de place.*

Le nombre des malfaiteurs en permanence à Paris est évalué à 30,000 en temps ordinaire ; il doit être double en temps de révolution. S'ils n'avaient pas de lieu de refuge, comme Paris, leur position de brigand serait gravement compromise ; car ils ne pourraient mettre le pied dans la campagne sans y être aussitôt signalés, et le paysan s'armerait pour faire une battue, comme s'il s'agissait d'une chasse au loup.

Au-dessous du brigandage, il y a la friponnerie, qui s'exerce plus en douceur; elle n'est pas moins à redouter que le brigandage, parce que si ses coups sont moins violents, ils sont plus multipliés; le premier n'est qu'une exception, la seconde n'est pas tout-à-fait la règle, mais peu s'en faut. La friponnerie est un métier à *honnêtes gens*; c'est pourquoi il y a en tant de fripons sous le dernier règne; le roi friponnait, les ministres et les fonctionnaires friponnaient, tout le monde friponnait du grand au petit; la friponnerie était officielle. Je ne sais si c'est Paris qui avait implanté la friponnerie dans le gouvernement, ou si c'est le gouvernement qui l'a implantée dans Paris; ce que je sais c'est que Paris, pour être républicain de fait, comme il l'est de nom, a besoin d'un fameux nettoyage.

Domestique voleur! est presque devenu à Paris un proverbe dans la bouche des maîtres. Est-ce mérité ou non? Je ne le discuterai pas. En tous cas, les maîtres sont-ils donc si purs, pour donner ce nom à leurs subordonnés? La vérité est qu'il y a du bon et du mauvais dans les deux catégories, mais plus de mauvais que de bon. Combien de domestiques se sont faits voleurs à l'exemple de leurs maîtres ! Ils ont butiné sur eux du même droit qu'ils les voyaient butiner sur les autres; quelques-uns, en cela, croyaient faire œuvre pie et méritoire.

XII. — Industriels et charlatans.

Il y a une autre espèce de friponnerie en sous-ordre, reçue dans les mœurs, et, pour ainsi dire, légale, qui cache ses procédés, mais qui exploite la société à la face de tous et par la coopération de tous: c'est *l'industrialisme*, le vol sous prétexte de commerce. Originaire d'Angleterre, il a passé la Manche, et Paris est devenu la succursale de Londres. Il y a beaucoup de gens qui aiment à bien vivre et qui n'aiment pas à travailler; ils auraient difficilement concilié ces deux choses, si l'industrialisme ne fût venu à leur secours.

Tous les paresseux se sont rangés sous sa

bannière. Sa morale est large et facile; il commence où l'on est malhonnête homme, et ne finit qu'où l'on devient punissable. Il craint les lois, surtout celles écrites dans le Code pénal, et il met tout ses soins à ne pas aller de la cour d'assises au bagne.

On peut juger de ce qu'est l'industrialisme par la signification que le bon sens populaire a attaché au mot industriel. *Industriel* ou *chevalier d'industrie* ne se trouve plus dans le vocabulaire de l'honnêteté. Le nom, en tombant si bas, s'est mis de niveau avec la chose. Industriel n'est devenu un vilain nom que parce que l'industrialisme était une chose pernicieuse.

Le commerce est nécessaire, et comme tout ce qui est nécessaire, il a son abus; cet abus, c'est l'industrialisme, trait d'union entre lui et le vol; il s'attache surtout à sauver les apparences; les dehors en sont convenables, le fond seul en est criminel,

L'industrialisme fait rude concurrence au commerce dont il est la plaie; il vend tout à bon marché, et cependant les objets qu'il débite, s'il les a achetés, lui coûtent aussi cher qu'aux marchands réels. S'ils sont de nature à être fraudés, il les augmente du double en les mélangeant; sinon, il fait donner la forme et la couleur d'objets utiles à des objets de nulle valeur, et les vend pour bons; c'est la ruine de la bonne foi. L'industrialisme a pris un tel développement dans nos mœurs, qu'on voit aujourd'hui des entreprises de fraudes, des fabriques d'oripeaux et *d'attrape-sots*, comme on voyait autrefois des maisons de confiance et des manufactures de produits sains et utiles.

L'industriel est homme d'expédients, il est quelquefois homme remarquable. Il lui faut plus de savoir-faire, plus d'énergie et de talent pour subsister par des moyens réprouvés, qu'il ne lui en faudrait pour arriver à la fortune par des moyens avouables. La voie de l'improbité est toujours tortueuse et difficile ; elle conduit moins promptement au but que la droite voie, qui est celle de la justice et de l'honneur.

La branche d'industrialisme la plus en vogue, et peut-être la seule en vogue chez nos pères, était le *charlatanisme*. La simplicité, l'ignorance et la crédulité avaient pu se laisser surprendre par des empiriques qui se donnaient comme les envoyés du ciel et les bienfaiteurs de l'humanité; on a pu acheter *l'eau claire* et les graisses qu'ils débitaient comme remèdes rares, précieux et guérissant de tous maux.; mais on ne conçoit pas que la confiance publique, si souvent dupe de ces imposteurs, s'acharne d'autant plus à leur demander des miracles qu'ils lui en ont moins fait. Ces grossiers charlatans, habillés à la turque ou à la grecque, qu'on voit encore sur les places au milieu d'une foule de badauds qui les admirent, ne sont pas les seuls à Paris. Le charlatanisme en grand s'y fait par la voie de la presse, et le nom de tous les charlatans de Paris est affiché sur tous les murs et au bas de tous les journaux. Il n'y a pas que les *donneurs de consultations gratuites* qui vendent leurs drogues au moyen de la réclame; il y a les charlatans littéraires qui, à force d'argent dépensé en annonces, finissent par se débarrasser des leurs, et donner à leur nom une célébrité payée comptant. Revenons aux industriels.

XIII. — Industrialisme dans la littérature et la politique.

La littérature et le théâtre moderne n'ont pas échappé à l'industrialisme. On a vu de nos jours une grande société littéraire en commandite, à la tête de laquelle était un industriel fameux, occupé seulement à mettre son nom au bas de productions littéraires où d'autres avaient mis leur talent ; société léonine s'il en fut jamais. Le grand homme, outre la gloire dont il ne se contentait pas, prenait encore pour lui les bénéfices. Cette exploitation doublement pervertissante du public et des jeunes écrivains, avait pour patrons des princes et tous les hauts corrompus de la monarchie. Le grand industriel leur a bravement tourné les talons, lors de leur chûte, et criant des premiers : Vive la République ! Il essaie aujourd'hui d'ouvrir à la politique sa boutique littéraire devenue vide.

Il y a de ces hommes qui donnent toute leur adhésion à la République ; mais seulement ils trouvent que rien ne va bien, et la moindre peccadille est tout de suite tournée à crime contre elle. Il est à remarquer que ces républicains si scrupuleux sont précisément ceux qui donnaient la plus large absolution aux iniquités de l'ancien régime. Demandez-leur quelle dignité plus grande ils auraient désirée dans la révolution. — 1830, vous diront-ils, fut plus beau, — parce qu'ils ne l'ont pas vu sans doute ou qu'ils ont dormi bien des fois depuis.

Sous prétexte de leur amour pour la République, ils s'occupent à tout moment de la trouver en défaut ; à les en croire, le mal est partout, ils en forgent quand ils n'en trouvent pas assez. Ces hommes sont les plus perfides ennemis de la République, ils la font aussi noire qu'ils la voudraient voir ; Tartufes politiques, ils pleurent jésuitiquement, non parce que ces maux existent, mais parce qu'ils n'existent pas assez grands et assez nombreux.

Et tous ces journalistes, grands faiseurs de *canards* politiques, fabricants de fausses nouvelles, inventeurs de dépêches télégraphiques sans garantie du gouvernement, propagateurs d'alarmes, qui veulent attirer à eux par l'appât du nouveau et de l'incroyable? Tous ces écrivains à stipendier que nous avons vus, l'année dernière, s'abattre comme une nuée de corbeaux autour d'un gouvernement qui sentait le cadavre, pour le couvrir de leurs plumes en se nourrissant de sa chair; tous ces mercenaires de la royauté, républicains après coup, qui jetaient de la boue en guise de raisons à la face de ceux qu'ils encensent aujourd'hui; tous ces publicistes de l'école du *Père Duchêne* qui, n'ayant pas son gros bon sens, ne lui touchaient que par le côté cynique et fangeux, comment les nommer?... industriels? Le mot est bien doux. Cependant ces hommes sont à la tête des clubs, à la tête des journaux; ils ont reçu des fonctions du gouvernement, il y en a partout.

XIV. — **Entreprises de mendicité. Bohême parisienne.**

Quelles limites poser à l'industrialisme à

une époque où il fait des miracles? Faire l'aumône à plus riche que soi est tellement prodigieux que cela ne se voit nulle part; eh bien! c'est chose commune à Paris. Je n'entends pas ici aumône dans un sens métaphorique; quand je dis faire l'aumône, c'est mettre un sou dans la main d'un mendiant qui quémande.

Il y a dans Paris des entreprises de mendicité, des exploitations industrielles de la charité publique; sociétés anonymes, bien entendu! et non autorisées par ordonnance. La direction en est d'ordinaire située dans un quartier pauvre, au fond d'un cul-de-sac ou d'une cour où l'on arrive par une allée infecte.

Aux étages supérieurs d'une maison de mauvaise mine, demeure un homme dont le métier apparent est celui de logeur; il donne asile, pendant la nuit, à une multitude de femmes en haillons, d'enfants chétifs et sales, à des Savoyards noirs de suie, à des aveugles, à des boiteux, à des manchots, à des paralytiques ou prétendus tels, enfin à toute la Bohême parisienne. Toute cette foule dont les infirmités physiques ne sont pas les plus immondes, couche pêle-mêle dans le même lit, c'est-à-dire sur la même litière de paille, la tête appuyée sur le même oreiller, c'est-à-dire le long de la même corde, car elle n'a souvent pour tout traversin qu'une corde tendue d'une muraille à l'autre, ce qui s'appelle *coucher à la corde.*

Le maître de ce taudis est le gérant de la société anonyme; il a pour associés les fins mendiants, les adroits *arrache-sous*, ceux qui, infirmes ou non, sont passés maîtres dans l'art de quémander.

Comme la mendicité est à peu près interdite, on se gare de la police en canardant avec un violon, un flageolet, un hautbois ou une serinette enrouée. Ceux qui ne possèdent pas ces petits talents d'agrément, se bornent à étaler devant eux un paquet d'allumettes chimiques ou deux mauvais crayons qui leur servent de couverture en même temps que d'enseigne. D'autres fois ils portent sur la poitrine une large pancarte qui fait *assavoir* au public qu'ils ont perdu bras ou jambe, la vue ou toute autre chose au service de la patrie où ils ont été enveloppés dans une épouvantable catastrophe.

Les femmes ne sont pas associées dans l'œuvre; elles n'ont droit qu'au logement et à la nourriture qui leur sont répartis en échange de la recette de chaque jour. Au reste, elles n'ont que ce qu'elles peuvent filouter à la société. Comme il faut des enfants, et beaucoup d'enfants pour apitoyer le passant sur le sort de la malheureuse mère, il s'en fait dans ce chenil de la dégradation et de la misère, non pas tant par plaisir que par besoin.

On met sur les bras d'une femme à peine couverte de quelques guenilles sales et en lambeaux, un enfant à la mamelle, quelquefois deux; on l'accoste de quatre ou cinq autres qui commencent à marcher et dont la langue se délie, et on l'envoie faire sa journée au coin d'une borne ou sur le parapet d'un pont. Là elle s'accule, laisse échapper des cris plaintifs, fait des contorsions et implore, d'une voix triste et sanglotante, la pitié publique, ce qui ne l'empêche pas d'apprendre à ses marmots comment on court après chaque passant et comment, à force d'importunités, on lui fait mettre la main au gousset.

L'enfant grandit-il, on le charge lui-même d'un autre enfant au maillot, et on lui apprend quelques mots qu'il débite invariablement : *Papa est malade! Maman est morte! Nous sommes cinq petits enfants*, ou d'avantage, *Nous n'avons pas mangé depuis deux jours!* J'ai quelquefois interrogé ceux qui me poursuivaient avec le plus d'obstination, et je suis parvenu à en obtenir des réponses telles que celles-ci : *Il me manque encore dix sous pour avoir mes trois francs! Je vais être bien battu! Je n'ose rentrer!* Sur ma demande : Qui te maltraite ainsi quand tu ne lui apportes pas trois francs au bout de la journée? Est-ce ton père? — *Non, je n'ai pas de père,* m'était-il répondu. *C'est l'homme qui me nourrit et chez qui je loge.*

La race des Savoyards est intrigante par caractère et mendiante par nature; aussi Paris est-il le premier débouché de la Montagne. Chaque enfant qui en arrive sous la conduite d'un maître qui l'exploite, est ramoneur quand il y a lieu; le reste du temps il joue de la vielle ou fait danser une marmotte en demandant un petit sou. La recette est toujours pour le patron, qui lui donne à peine là-dessus de quoi manger un morceau de pain noir, de quoi s'abriter contre le froid, de quoi avoir un misérable grabat pour la nuit. Le Savoyard fait de jolis bénéfices, grâce à son esprit entreprenant et jovial, mais il n'en profite guère, car on le voit souvent à jeun aller pieds nus et coucher à la belle étoile.

Pendant de longues années, il y a eu, près des Invalides, un aveugle joueur de flûte qui, toujours à la même place, a tant et si bien exploité la pitié publique, qu'il en est venu à mettre de côté quelques centaines de mille francs. Cet aveugle a acheté un bel hôtel dans le faubourg Saint-Germain et n'en a pas moins continué à mendier. Il a marié sa fille unique, richement dotée, à un fils de famille, sans renoncer à sa lucrative profession. Il n'a fallu rien moins que l'indignation de tout un quartier pour empêcher ce mendiant presque millionnaire de tendre la main à plus pauvre que lui.

XV. — Entreprises de prostitution. Travaux forcés de la débauche.

J'ai hâte de dire un mot d'une autre espèce d'exploitation dont Paris et quelques grandes villes ont le monopole. Elle est exercée par les individus les plus dégradés de la société, aux dépens de quelques créatures viles et méprisables par état ; les passions les plus grossières en sont l'aliment. Je veux parler de l'exploitation des prostituées dans les *maisons de tolérance*.

Paris, la métropole du vice, a malheureusement des succursales ; les campagnes elles-mêmes n'en sont pas tout-à-fait pures. Il y a partout de jeunes hommes qui trompent, de jeunes filles qui s'abandonnent ; mais il n'y a pas partout de ces maisons infâmes qui perdent la jeune fille qui s'égare, qui tranforment une faute en crime et qui fermant à leur pensionnaire la voie du retour, font d'un déshonneur réparable une infamie définitive.

Revenir à la vertu quand on est blasé sur le vice, est un sentiment naturel qui résulte de notre goût pour la variété. La débauche est uniforme et monotone, à peine s'y est-on abandonné qu'on désire en sortir. Il n'y a pas de femme qui ait eu des passions assez violentes pour résister à deux ans d'*exercice*; saturée et dégoûtée d'elle-même comme de ceux qu'elle admet dans son *intimité*, elle n'est plus qu'une machine qui fonctionne bon gré mal gré, selon l'impulsion qui lui a été donnée d'abord et qu'elle ne peut modérer. *Assurez-nous* 50 *centimes par jour*, disaient quelques-unes de ces pauvres femmes, après la révolution de février, *et nous renonçons à notre ignoble métier!* Les femmes en chambre, dans leurs meubles, sont en position d'amasser tôt ou tard le pécule de la délivrance par où elles sortiront de l'ignominie si elles en ont la volonté; mais cette catégorie est la moins nombreuse.

Celles qui sont soumises à l'exploitation

permanente d'une maîtresse de maison, sont cloîtrées là pour tout le temps où elles seront achalandées, et puis on les jettera sur le pavé à peine couvertes de vêtements misérables, en état d'aller mourir d'épuisement à l'hôpital, à moins qu'elles ne meurent de faim au coin d'une borne. Rien ne leur appartient dans le clinquant qui les pare; il a servi à celles qui les ont précédées, il servira à celles qui leur succèderont. Leurs costumes sont ceux de l'établissement; les bénéfices qu'elles font sont tout entiers pour leur *tante*. De temps en temps on leur donne un jour de congé; au reste, elles n'ont à espérer dans la maison que la table, le logement et l'entretien complet, et elles sont enchaînées dans ce bagne aux travaux forcés de la débauche.

Ceux qui sont à la tête de ces entreprises amassent en peu de temps une fortune colossale, et ils s'en vont d'ordinaire vivre honnêtement, s'il se peut, au milieu d'un monde qui ne les connaît pas. Ce seul genre d'industrie est florissant à Paris, quand toutes les industries avouables et utiles y sont dans l'anéantissement.

Une société qui ne sait qu'entretenir les plaies du corps social aux dépens des parties saines, qui ne sait que développer les passions les plus brutales, les vices les plus grossiers, les instincts les plus dégoûtants, ne mérite pas d'exister comme société. Qu'on se figure la réception qui serait faite en province à un de ces entrepreneurs de scandales qui viendrait installer son bazar de hontes au milieu d'une population honnête et laborieuse! Au lieu d'y prospérer comme dans les grandes villes, le pestiféré serait obligé de fuir avec la peste et de chercher ailleurs un abri contre la vindicte publique.

XVI. — Communisme né, à Paris, du monopole.

Paris, comme je l'ai dit, n'est qu'une ville de passage; c'est le *rendez-vous* de tous ceux qui, courant après la fortune, l'abandonneront dès que leurs espérances les appelleront ailleurs. Pas de population stable, fixée définitivement sur le sol parisien, et par conséquent pas de famille; sans famille, pas de mœurs; sans mœurs, pas de vertus républicaines.

Jamais Paris ne sera républicain que de nom, tandis qu'il sera le réceptacle de toutes les mauvaises passions, tandis que la paresse et l'oisiveté s'y érigeront en philosophie, tandis que chacun n'y aura pour but que de s'arrondir un bien-être aux dépens de celui de son voisin, tandis qu'il sera un pays d'*attrape-qui-peut*, tandis que le contrôle de l'opinion ne sera pas la sauve-garde de la morale, tandis qu'il ne sera pas humainement possible à tout homme de bonne volonté d'y avoir un petit *chez-soi*, d'y vivre au milieu des joies de la famille, de la vie simple et laborieuse qui convient à la République.

Le premier qui s'est fait communiste, l'est devenu à Paris, en présence de cette déplorable accumulation de la propriété en quelques mains, qui ne permet pas à une société parisienne de prendre racine dans le sol. Si les folies du communisme ont eu quelque crédit, c'est grâce aux folies du monopole ; un excès engendre toujours un excès contraire. Paris est un camp, chacune de ses maisons est une tente et sa population est nomade.

Chaque peuple commença par la vie nomade, mais à mesure qu'il perdit de sa sauvagerie, il sentit de plus en plus le besoin de se fixer quelque part ; quand il eut pris goût à un sol et qu'il ne put s'y maintenir pacifiquement, il eut recours à la violence pour s'y établir et y vivre en société. Les hommes sont en petit ce que les peuples sont en grand ; dans la jeunesse, il semble que partout la terre leur brûle les pieds, tant ils aiment à courir par le monde, mais bientôt vient un âge où les besoins de la famille se révèlent et avec eux la nécessité d'un établissement stable. Le sol qu'ils ont choisi deviendra leur conquête s'ils sont assez forts pour s'y maintenir à main armée.

Paris sera toujours révolutionnaire, tant que le morcellement n'y sera pas complet, TANT QUE LE NOMBRE DES GENS QUI ONT ASSEZ N'Y SERA PAS SUPÉRIEUR A CELUI

DES GENS QUI ONT TROP PEU. Chaque révolution est une tentative de nivellement de la société ; ce sera toujours à recommencer après chaque escamotage jusqu'au jour où Paris sera divisé en autant de parts qu'il a de familles stables, et où tout homme honnête, laborieux et moral pourra raisonnablement prétendre à l'acquisition d'une de ces parts pour lui et les siens.

XVII. — **Architecture antirépublicaine des maisons de Paris.**

Le sol de l'Angleterre n'appartient en propriété qu'à six cents familles environ ; les maisons de Paris n'appartiennent qu'à quelques mille propriétaires, et des rues entières sont souvent au même. Je ne suis pas d'avis d'exproprier, loin de là ; mais je voudrais au moins qu'il fût possible à tout homme qui travaille de trouver un toit où mourir, entouré de ses enfants, dans une honnête aisance.

Les maisons de Paris, construites sous un

régime d'inégalité et de priviléges, sont faites dans le but d'une facile monopolisation. Rien n'est plus contraire à l'esprit républicain que la disposition intérieure de ces nobles hôtels qui, assez vastes pour loger un régiment, sont appropriés aux besoins et au luxe d'un seul individu. Ces bâtiments, d'un prix énorme, ne comportent pas une fortune médiocre; pour n'être pas misérable, il faut être énormément riche; c'est tout l'un ou tout l'autre.

Pour remédier à cette effroyable cause de misère, il faudrait que chaque logement, disposé commodément pour une famille, fût tel que la bourse de celui qui a travaillé toute une vie pût en approcher; il faudrait que chaque hôtel pût aisément se vendre par lots, par étages, et que des lois vinssent protéger le petit propriétaire contre le gros propriétaire du même escalier; il faudrait une loi de morcellement des maisons en attendant qu'on en bâtît d'autres d'après un mode plus républicain.

Faisons d'abord tomber le prix des loyers fabuleux, en renvoyant à la campagne les individus inutiles à Paris. Là ils achèteront aisément une chaumière qui les attache au sol ; ils en feront une demeure commode, l'embelliront peu à peu, l'entoureront d'un jardin, y ajouteront un champ dont les produits suffiront à leur vie. Une partie de la famille s'occupera d'agriculture, l'autre d'une industrie honnête, utile et accessoire des travaux des champs.

XVIII. — **Paris républicain par l'idée, non par le cœur.**

Paris est l'endroit du monde le plus républicain par les idées et le moins républicain par les mœurs. Toutes ses tentatives de révolution auraient dû lui prouver que la Liberté, l'Égalité et la Fraternité ne sont pas compatibles avec son organisation actuelle. Il court d'autant plus fort après la République, qu'il a plus de mal à l'attraper ; il s'intitule démocrate avec d'autant plus de délices qu'il a moins la possibilité de l'être. Ce qui manque à Paris, ce n'est pas la tête, c'est le cœur; ce n'est pas l'idée qui n'est que la théorie de la République, c'est la morale qui en est la pratique. L'esprit y vit aux dépens de la conscience; Paris fait des savants mais non des citoyens! Paris, comme les enfants, aime tout ce qui brille; il préfère les qualités d'apparat aux qualités solides. L'éducation qui donne la droiture d'âme et la simplicité de mœurs d'un républicain, il la néglige pour l'instruction qui n'est souvent qu'une source d'ambition, d'orgueil, de ruses et d'intrigues.

L'éducation sans l'instruction fait l'homme simple, mais honnête et sociable; l'instruction sans l'éducation le fait habile et savant, mais vaniteux, égoïste et peu soucieux des autres quand il est bien.

XIX. — La Vendée plus républicaine que Paris.

Les populations les plus républicaines par leurs instincts, ne le sont pas toujours par leurs idées. Celles qui se levèrent autrefois contre la république, étaient plus faites pour vivre républicainement que celles qui prétendaient les républicaniser. En effet, la simplicité de mœurs, l'honnêteté de famille, les maximes de la fraternité étaient de tradition dans la Vendée. Les Vendéens pratiquaient la chose en répudiant le symbole ; tandis que pour les Bleus, le symbole était tout et la chose rien. Les républicains de parole se croyaient plus avancés que les républicains d'action.

Les Vendéens étaient plus près de la république que leurs adversaires ; leur républicanisme, partant du cœur, rayonnait sur tous les points de leur être, mais il ne se montrait pas à la surface, tandis que ceux qui les combattaient, abritaient sous une large cocarde tricolore, un républicanisme qui n'allait pas plus loin que l'épiderme. Les républicains de Paris étaient des républicains utopistes, ceux de la Vendée étaient des républicains pratiques.

La république cesse d'être une utopie quand elle est dans les mœurs et qu'il ne reste plus qu'à lui donner son nom ; on la prend à rebours, quant on la baptise avant sa naissance ; c'est une fantasmagorie dont le mensonge ne résiste pas à la force de la réalité.

XX. — Les réactions nécessaires comme les révolutions.

Chaque révolution a toujours pour but le rétablissement de l'équilibre entre les faits et les idées. Quand les idées ont le pas sur les faits, vient un mouvement en avant qui met les faits de pair avec les idées. C'est ce qu'on nomme *révolution.* Tout va bien quand les idées et les faits, solidaires l'un de l'autre, marchent de front. Mais les révolutions ne maîtrisent pas toujours leur fougue ; quand les faits ont été longtemps arriérés, on a la démangeaison de les porter bien loin en avant des idées ; alors survient un mouvement de recul que l'on nomme *réaction,* qui n'est que la conséquence du zèle intempérant des amateurs du progrès.

La réaction dans ce cas, est aussi nécessaire que la révolution dans l'autre, c'est un frein à l'anarchie. La réaction bien entendue est chose essentiellement réparatrice. Elle est sage et utile quand, maîtresse de ses mouvements, elle procède avec mesure et fait reculer l'utopie jusqu'aux limites de l'application possible. Cette espèce de réaction est encore un progrès. Mais il arrive souvent que la réaction, passionnée comme l'a été la révolution, agit plutôt dans un intérêt particulier que dans un intérêt général; alors c'est un vaincu qui se venge. Si elle reporte les faits bien en arrière des idées, il ne faut pas s'en étonner, elle impose ses folies par la violence, et ouvre la voie à une nouvelle révolution.

Nous aspirons au bonheur parfait; il n'est pas de ce monde. Que ferions-nous sur la terre si nous n'avions plus à y combattre? Ce serait l'immobilité, et l'immobilité, c'est l'ennui. L'humanité est comme l'Océan qui, avant de battre en plein, revient sur ses pas, après chaque flot, pour recueillir ses forces et reprendre un plus vigoureux élan vers le rivage. L'humanité, avant de battre en plein, dans le champ de la liberté, de l'égalité et de la fraternité, fera toujours une halte, après s'être épuisée à courir dans le chemin du progrès. Ballottée entre le progrès et la réaction, elle marchera par soubresauts, jusqu'au jour où ces deux antagonistes, n'ayant plus de griefs, se donneront la main au milieu de la fraternité universelle. Mais ce jour-là, notre société aura fini sa tâche, et n'ayant plus de raison d'être, elle disparaîtra.

XXI. — La révolution, c'est toujours l'invasion des barbares.

La nature morale n'est pas régie par des lois moins sûres que la nature physique ; ce qui se fait aujourd'hui s'est fait dans tous les temps, et les révolutions les plus imprévues, les plus extraordinaires n'ont rien que de très naturel, quand on prend la peine d'en examiner les causes. Chaque révolution est une nouvelle invasion de barbares.

Il se fait dans chaque pays ce qui se fit dans le monde lors de la chute de l'empire romain ; c'est toujours la guerre des déshérités contre les privilégiés. Les Romains avaient entassé dans leur ville les richesses dont ils avaient dépouillé tous les peuples ; mais ils oublièrent de frapper de stérilité ceux qu'ils laissaient dans le dénuement ; et les races sont d'autant plus prolifiques qu'elles sont plus misérables.

Les peuples vaincus s'accrurent en nombre et en force ; et pour ne pas mourir de faim, ils se virent obligés d'aller redemander aux conquérants ce qu'ils leur avaient ravi, et leur solder, le fer en main, leur vielle dette de haine. Les Romains, amollis par le luxe et les jouissances, furent faciles à vaincre ; au lieu de partager avec eux, les barbares trouvèrent plus commode de les exterminer en s'instituant leurs héritiers.

Tel est ce que nous voyons sur une moindre échelle, dans chaque pays en train de liquider les comptes entre propriétaires et prolétaires. Chaque fils redemande la part qui a dû être enlevée à un de ses ancêtres, quand il est assez raisonnable pour se borner à cette part et ne pas s'établir maître à son tour.

XXII. — **Républicains réalistes et républicains idéalistes.**

Il y a aujourd'hui, comme il y a eu en 93 et comme il y aura toujours, deux sortes de républicains, entièrement opposés d'idées et de tendances, qui ont également raison, comme ils ont également tort. Le peuple les a désignés sous le nom de républicains *modérés* et de républicains *avancés* ; moi, je les appellerai républicains *réalistes* et républicains *idéalistes*. Chacune de ces sectes a son système bien arrêté et n'en veut pas démordre.

Les réalistes sont des hommes pratiques qui, s'enfermant dans la situation présente, comme dans un cercle, s'obstinent à ne pas jeter les yeux vers l'horizon de l'avenir qui se dessine dans le lointain. Ils veulent faire une république appropriée aux besoins actuels, comme si ces besoins devaient toujours durer. Le malheur, c'est qu'ils ont la prétention de faire quelque chose d'immuable et d'imposer le présent à l'avenir.

Les *girondins* furent les réalistes de 93, comme les *anti-socialistes* sont les réalistes de 1848. Ces hommes, d'une trempe peu énergique, sont plutôt faits pour les douceurs de la vie privée que pour les périls d'une époque révolutionnaire où l'on joue sa tête à chaque tour de main. Gens d'une intelligence myope, ils s'imaginent que le terrain manque là où aboutit le rayon visuel de leur esprit; en faisant un pas en avant, ils croient marcher à un précipice.

Les idéalistes, au contraire, hommes peu pratiques pour la plupart, sont toujours des penseurs ou des fous. Faisant abstraction de ce qui est, ils ne voient que ce qui devrait être, à leur sens. Les considérations d'actualité ne les touchent guère ; ils en ont dégoût. Le présent leur répugne ; ils devancent leur temps et cherchent dans les ténèbres de l'avenir, l'idéal de la République qu'ils ont rêvée. Tant qu'ils s'en tiennent aux spéculations philosophiques, on ne peut que les approuver, et tout irait au mieux, s'ils ne se mêlaient de faire de la pratique sur une théorie non encore arrêtée. Leur tort, c'est de vouloir imposer l'avenir au présent.

Chaque chose en son temps ! disaient nos pères, et ils avaient raison. L'humanité marche de front avec les idées ; favorisons ses pas, mais ne lui faisons pas prendre le galop aux risques de l'essouffler et de la faire tomber d'épuisement en chemin. Pour refondre la société, il faut avoir un modèle à lui donner. Le moule de bronze dans lequel on la coulera, n'est rien, s'il n'est frappé au coin d'une empreinte nette et solide.

Les *montagnards* de 93 et les *socialistes* d'aujourd'hui sont des idéalistes. L'œuvre des montagnards ne put s'achever, il y a un demi-siècle ; aujourd'hui, elle n'est plus entravée par personne. Le socialisme, qui pour beaucoup est encore une chimère, sera avant cinquante ans une réalité. Les idéalistes d'aujourd'hui seront des réalistes à cette époque, comme les réalistes de 1848 étaient des idéalistes en 1793.

Les idéalistes sont donc aussi nécessaires que les réalistes ; ceux-ci mettent l'humanité en marche à travers des sentiers frayés par d'autres, comme les premiers frayent de nouveaux sentiers qui seront pratiqués par la génération à venir.

Tout va bien tant que chacun reste dans son rôle ; mais tout est perdu quand on les intervertit ; c'est l'anarchie et la guerre civile. Les réalistes de chaque époque ont toujours eu la préférence de leurs contemporains sur les idéalistes ; mais les sympathies du siècle qui suit, sont toutes pour les idéalistes du siècle qui a précédé. Il y a plusieurs causes à cela : les réalistes, hommes d'ordre plutôt que de dévouement, sacrifient l'avenir au présent, de peur de secousses ; les hommes qui à toutes les époques ont de l'égoïsme dans le cœur, sont reconnaissants envers ceux qui leur donnent paix et sécurité.

Les idéalistes sont des hommes de mouvement, et souvent par les troubles qu'ils font naître, ils font payer cher à leur époque des bienfaits qu'ils sèment pour la postérité. La postérité fait de ces idéalistes ses héros, sans s'embarrasser de ce qu'ont pu penser d'eux leurs contemporains ; les nuages qui ont couvert leurs noms sont dissipés ; il ne reste plus que leur œuvre debout, et cette postérité reconnaissante se met à genoux devant leur bronze immortel. La vie d'un idéaliste est presque toujours celle d'un martyr, et son nom, réhabilité par les siècles, celui d'un demi-dieu. Il lui a fallu la consécration du tombeau pour passer à l'état de gloire incontestée.

XXIII. — **Le Parisien est conservateur.**

J'ai fait deux parts de la population parisienne : l'une qui possède et l'autre qui aspire à posséder ; la première, formant une faible minorité, est de Paris ou s'y est implantée ; la seconde, née à Paris, sans en être, ou accourue de tous les points de la France et de l'Europe, n'a d'autre but que d'y acquérir le droit de cité ; j'entends par là la propriété d'un immeuble, si chétif qu'on le suppose, qui l'intéresse à la paix et à la conservation de la cité.

Le nom de *conservateur*, appliqué aux ennemis de la révolution, et par suite à tous les ennemis du progrès, peint bien la classe qui possède ; on lui arracherait plutôt la vie qu'une parcelle de ses biens. Les bras affluant bien au-delà des nécessités du travail, le sentiment égoïste de la conservation a pu se traduire dans la pratique par une affreuse exploitation des machines humaines qu'on nomme ouvriers. Comme on en avait de rechange, on a économisé l'huile dans les engrenages ; craignant peu de les user trop promptement, on s'est dit : *Qu'ils marchent tant qu'ils pourront ! après ceux-là, d'autres !*

Le travail est rare et la besogne est rude à Paris. Si les exploitants sont conservateurs, il n'est pas étonnant que les exploités soient révolutionnaires et républicains. A quelques honorables exceptions près, il n'y a pas de républicains dans la classe qui possède à Paris, et hors la classe qui possède, il n'y a pas de population parisienne ; cette population risquerait le tout pour le tout, mais elle ne sacrifierait pas une partie de sa fortune à la conservation de l'autre ; elle est anti-révolutionnaire ; le bien-être du plus grand nombre la touche peu, elle est anti-républicaine.

Cependant, les révolutions se succèdent depuis un demi-siècle ; cette partie de la population a déjà beaucoup appris. Espérons qu'elle apprendra encore. Elle va toujours en s'éclairant ; fasse le ciel qu'elle se persuade qu'il n'y a de salut pour elle qu'en abandonnant une partie de son superflu à ceux qui manquent du nécessaire.

L'idée républicaine est pourtant à Paris ; elle y a été importée de la province par ceux qui l'ont puisée au foyer paternel, au milieu des mœurs simples et douces de la famille. Elle n'a de partisans que parmi les hommes éclairés qui n'ont à Paris d'autre patrimoine que leur intelligence et leurs bras ; ils ont appelé la république de tous leurs vœux, pour que ce patrimoine devînt un capital, ayant le travail pour revenu, et pour que ce revenu fût aussi net et aussi certain que celui d'une rente inscrite au grand livre.

L'idée républicaine, transplantée de la

province à Paris, a cessé d'être douce et pacifique; elle est devenue dans les mains de la nécessité une arme de résistance, quelquefois d'attaque. Des travailleurs, en comptant leurs souffrances, ont trouvé que la république ne serait pas pour eux une indemnité suffisante, qu'elle n'aurait pasde baume pour toutes leurs plaies, de consolations pour tous leurs désespoirs, et poussés par l'excès des douleurs à l'excès des prétentions, ils se sont égarés dans les ténébreuses utopies du communisme. De la destruction de la propriété ils vont à la destruction de la famille, de la morale et de la société tout entière. Dieu ramène leurs cerveaux aigris à des idées plus saines! Qu'ils soient républicains démocrates, et tout le monde le sera comme eux, même la classe qui possède ; bientôt elle ne pourra plus être autre chose.

XXIV. — La civilisation ruine les sociétés.

Il fut un temps ou de grandes agglomérations d'hommes dans les villes furent nécessaires pour faire fermenter au sein des peuples le levain de la civilisation; au moyen-âge, les villes avaient le monopole du savoir et du commerce. Sans un frottement, longtemps répété d'individu à individu, les aspérités du caractère sauvage n'eussent pas disparu.

Les hommes ont fini par se polir; leurs mœurs se sont adoucies, et le même frottement toujours répété, leur est devenu préjudiciable dès qu'il a été inutile; n'ayant plus rien à émousser, il a usé leur caractère et l'a tellement affaibli, qu'il lui a enlevé tout ce qu'il avait d'original; des vides ont succédé aux aspérités; la paroi qui ne péchait que par surabondance de force est devenue molle et débile. Ce frottement est la *civilisation*, qui mène les peuples à la décrépitude, quand elle les polit trop. Ce qui était bon, il y a cinq cents ans, est détestable aujourd'hui.

Les nations modernes, et en particulier les Français, ont assez perdu de leur couleur originale pour qu'il soit temps de songer à leur conserver le peu qui leur en reste. Paris, cet assemblage bizarre des mœurs comme des types les plus divers, n'a plus rien de sa physionomie primitive, et chaque jour il tend à se modeler davantage sur les figures qui lui viennent des quatre coins du monde. Anglais ici, Espagnol là, plus loin Arabe, Américain ou Asiatique, il serait temps de le rebadigeonner d'une façon plus conforme à nos idées et à notre climat.

Paris est la légèreté même; la République y est de mode ; le nom en est écrit sur tous les murs, mais le peu d'empressement qu'il met à être républicain de fait, me ferait presque supposer que la République n'est pour lui qu'une fantaisie, un caprice. Je le croirai sincèrement républicain le jour où, dépouillant sa vieille livrée monarchique, il en répudiera les habitudes serviles et fera peau neuve aux yeux de l'univers.

C'est qu'on ne fait pas germer tout d'un coup la République dans un sillon labouré pendant quatorze siècles pour la monarchie; c'est qu'un même trône ne peut servir au despotisme et à la liberté. Paris, de création monarchique, fut fait à l'image et ressemblance de ses créateurs ; les habitudes royalistes qu'il a contractées depuis si longtemps, ne sont pas faciles à déraciner ; et, s'il ne change du tout au tout, s'il ne se transforme, en un mot, le gouvernement populaire ne sera jamais pour lui qu'une utopie irréalisable. Préparons-lui le terrain, semons-y les vertus républicaines et la République y croîtra d'elle-même, vivace et florissante.

XXV. — **La centralisation, c'est la féodalité.**

Il faudra bien que cette centralisation démesurée ait une fin. Paris tient en sa main les fils de trop de choses pour qu'il n'en laisse pas échapper quelques-uns. A la centralisation gouvernementale, politique, administrative et judiciaire, au monopole des lettres, des sciences et des arts, il veut joindre encore celui de l'industrie et du commerce ; cette prétention est excessive ! Qu'il y prenne garde ! Les départements finiraient par le regarder comme leur tyran, et ils rompraient avec lui leurs rapports de bonne amitié et de confraternité. Ils sont las de jouer le rôle de marionnettes, manœuvrant au mouvement du télégraphe. Ils veulent que leur opinion pèse dans la balance et que leurs vœux soient écoutés.

Les époques ne se ressemblent pas. La France de 1789, juxtà-position de provinces différentes de mœurs, de langage et de caractère, avait besoin d'un pouvoir centralisateur, fort et énergique, qui la fondît d'un seul jet dans le moule de *l'unité* et de *l'indivisibilité*; ce fut l'œuvre de la Convention, achevée par l'Empire. La France, quoi qu'il arrive, sera toujours *une et indivisible*, tant qu'elle existera comme France; on la démembrerait plutôt que de la fédéraliser. Toutes les accusations de *fédéralisme*, devenues puériles, sont un anachronisme, vieux d'un demi-siècle.

La centralisation, telle qu'on l'a entendue jusqu'ici, n'est plus de mise aujourd'hui. Au lieu de donner de la force aux gouvernements qui s'en sont servi, elle les a tués, et elle tuerait la République si elle en usait de même.

Il fut un temps aussi où la féodalité fut bonne et fut la plus grande force d'unification au moyen-âge. Ce que la féodalité avait fait pour les provinces, la centralisation l'a fait pour la France entière. La féodalité, morte dans la nuit du 4 août 1789, eut pour fille et unique héritière la centralisation, qui s'établit à Paris en suzeraine de la France, et réunit en sa main les clés de toutes les seigneuries disséminées entre toutes les grandes villes de province. La centralisation n'est donc que la féodalité en grand, la féodalité unitaire de la France. Mais aujourd'hui qu'il n'y a plus rien à condenser, à unifier, à quoi bon laisser subsister une force de condensation et d'unification sans objet ?

Les gouvernements déchus n'ont pas compris que la centralisation devait à son tour avoir sa nuit du 4 août, et ils en ont été victimes. La France demande un remaniement complet, à commencer par Paris.

XXVI. — Topographie républicaine de Washington.

Quand les Américains eurent donné pour arbitre au Nouveau-Monde une vaste et puissante république, ils ne songèrent pas à la couronner d'une capitale qui, n'ayant pas été faite pour elle, sièrait mal à sa tête. Ce n'est pas qu'ils manquassent de villes dignes de commander : New-York, Philadelphie, Boston se le disputaient en force, en richesses et en splendeur. Mais comme on avait fondé une République pour ces villes autrefois opprimées, on devait fonder une ville libre pour la République, et Washington, la cité fédérale, s'éleva sur les magnifiques collines du Potomack.

On ne s'occupa pas d'en faire un centre de commerce, on en laissa le monopole à New-York, à Boston et aux autres villes, on ne songea qu'à y faire prospérer les mœurs républicaines. Toutes les occasions de fraudes que l'industrialisme peut introduire dans une cité trop populeuse en furent soigneusement éloignées. Les voleurs doivent être chassés du temple de la République.

Les Américains, convaincus que l'entassement d'une masse d'hommes considérable dans un espace trop rétréci, est funeste à l'hygiène du corps comme à celle de l'âme, donnèrent à leur capitale assez de pourtour pour que chacun y fût, à la face du soleil, plongé dans un air pur et sain. Ceux qui ont besoin d'ombre ne peuvent se plaire dans ce pays de lumière : pas de cachettes pour les malintentionnés, pas de repaires pour le crime. Washington, tel qu'il est organisé, ne saurait servir de refuge aux mauvaises passions.

Chaque quartier forme un village magnifiquement bâti, où règne l'opinion, parce que tout le monde se connaît. Les actes de chacun sont contrôlés par tous, et ils reçoivent du mépris public leur châtiment si leur indignité ne tombe pas sous le coup des lois.

La largeur des rues varie de 90 à 110 pieds. Chaque quartier est séparé de l'autre par de larges avenues plantées d'arbres superbes, par des jardins, des parcs et même des champs cultivés. Washington n'a guère moins de circonférence que l'ancienne enceinte de Paris, et tout cela pour 30,000 habitants qu'il contient à peine. On y jouit des délices de la ville en même temps que des charmes de la campagne.

Il y a place pour bien des honnêtes gens encore. Néanmoins Washington ne sera jamais une ville populeuse ; c'est plutôt une réunion de villages qu'une ville unitaire. L'industrie manufacturière, le commerce y manquent, ainsi que tout ce qui a de l'appât pour les intrigants, les aventuriers et tous ceux qui sont perpétuellement en quête de la fortune. C'est là peut être la cause de cette tranquillité prospère dont jouit l'Amérique depuis un demi-siècle.

On ne s'occupe, à Washington, que de la politique et du bonheur de la confédération. Le congrès, libre de toute pression extérieure, délibère dans son Capitole comme un sénat de sages au milieu d'une population d'heureux. Là, pas de multitude oisive, souffrante, aigrie par la joie insultante de son riche voisin, et poussée contre le gouvernement par quelques ambitieux. Chacun y a la part de bien-être qu'il se fait, et le bien-être est au pouvoir de tous.

Si je parle de Washington avec quelque complaisance, ce n'est pas que j'envie pour la France le système républicain qui y domine; je n'envie pour elle que la même grandeur et la même prospérité.

Les Américains fondèrent une ville pour leur république nouvelle, je ne demande pas qu'on pousse jusques-là la fièvre d'imitation. D'ailleurs, si Paris pouvait se déplacer, je ne saurais trop où le transporter pour qu'il fût mieux, à moins que sur les bords riants de la Loire, dans le *jardin de la France*, que l'on appelle la Touraine. Mais laissons Paris où il est; l'essentiel, c'est de ne pas le laisser tel qu'il est.

XXVII. — Paris tel qu'il devrait être.

Si j'avais à réorganiser un Paris républicain, compatible avec le gouvernement populaire qu'il s'est choisi et qu'il a donné à la France, je ferais bien des ruines, je toucherais à bien des intérêts, je décréterais bien des bannissements. Avec la pioche, la pelle, l'équerre, la truelle et le marteau, je ne désespérerais pas de venir à bout d'asseoir, sur les bords de la Seine, les fondements d'une République prospère, pacifique et inébranlable.

Je ne porterais pas la sape et la mine sous nos superbes monuments ; tout ce qui est fort et grand est républicain, quoique d'origine monarchique. Je ne serais pas vandale par le plaisir d'abattre.

Je n'exilerais pas de la capitale les arts, les sciences et les lettres qui moralisent et élèvent l'âme ; je n'en retrancherais que tout ce qui amollit, pervertit et dégrade ; j'ôterais ses hochets à notre civilisation décrépite pour la forcer de se rajeunir.

Je ne chasserais pas le commerce qui entretient la vie et le bien-être ; je lui rendrais sa prospérité en tuant la concurrence qui le ronge ; j'en ferais une chose utile à la société, une source de gains honnêtes ; je repousserais tous les industriels parasites qui se font du commerce un passeport pour le vol. Je ne permettrais d'établissements commerciaux qu'au prorata des besoins de la commune.

Si mes réformes sont immenses, c'est que le mal ne l'est pas moins et qu'il faut fouiller bien avant pour en trouver la racine. La monarchie tenait à la France autrement que par un trône; il ne suffit pas de l'avoir renversé pour être républicain ; toute notre constitution matérielle : l'encombrement des villes, l'abandon des campagnes, tout cela est monarchique. La royauté, comme un cancer, a ses racines jusques dans notre chair. Portons-y hardiment le scalpel, car, de la moindre fistule que nous y laisserions naîtrait un nouveau tyran.

Avant tout, j'interdirais à Paris toute fabrication industrielle dont la présence n'y est pas absolument indispensable. Bijouterie, jouets, objets d'art et de luxe, fonderie de fer, fabriques de papiers, d'étoffes, filatures, tanneries, corroierie, etc., toutes ces industries seraient rejetées en masse hors de notre enceinte. Nous dirons plus tard quel lieu convient plus spécialement à chacune de ces diverses fabrications.

Si l'on demande de quel droit je relègue loin des grands centres de population les fabrications industrielles, je répondrai : du droit qu'ont eu les anciens gouvernements d'isoler les ateliers insalubres ou dangereux pour le corps ; j'exile de même les ateliers insalubres ou dangereux pour l'âme. Il importe d'éloigner des villes la fièvre morale qu'ils y développent et propagent par le contact.

Par cette mesure, Paris diminuera considérablement en population, et, par suite, en malaise moral et physique. Bien des maisons se videront. La ville sera trop grande pour ce qu'il restera d'habitants ; et cependant elle sera trop petite encore à mon gré, puisque je veux que Paris, moins populeux des deux tiers, s'étende en tous sens jusqu'à l'enceinte des fortifications.

Après le dégorgement du trop plein de l'industrie, un bon recensement de toute la population sera nécessaire, avec indication du métier qui fait vivre chacun et des moyens de chaque famille. Nul ne sera souffert dans la ville, s'il ne justifie d'un état honnête qui le fasse exister, à moins qu'il n'y vienne passagèrement et dans un but avoué.

La quotité de la population fixe une fois connue, la statistique des objets de première nécessité propres à sa consommation sera facile à établir. C'est d'après les chiffres de cette statistique, qu'on fixera le nombre des boucheries, des boulangeries, des lingeries, des ateliers de tailleurs, cordonniers, chapeliers, charpentiers, serruriers, maçons, couvreurs, etc., et le nombre de bras que chaque atelier doit employer.

On calculera la moyenne des places que la mort, la maladie, la vieillesse ou la retraite des travailleurs peuvent laisser vacantes tous les ans dans chaque industrie, et les écoles professionnelles, fondées sur les besoins du commerce, fourniront des sujets pour les remplir.

Nul chef d'atelier ne pourra augmenter son personnel, s'il ne justifie d'une augmentation de production, et s'il ne s'engage à faire ces adjonctions sans que les intérêts des autres travailleurs en souffrent.

Epurer l'industrie pour la replonger dans nos villes constituées selon le mode actuel, ce serait jeter une goutte d'eau claire dans une mare de boue. Nettoyons la place où elle doit s'installer avec sa robe blanche, car elle est remuante de sa nature, et au moindre contact avec ce qui l'entoure, elle serait souillée.

XXVIII. — Plan d'un Paris compatible avec la République.

Si j'avais à retailler le plan de Paris selon le mode républicain, je le diviserais d'abord en quatre grands quartiers bien distincts, bien séparés.

Tirant au Nord une ligne droite qui partirait de la barrière du Roule pour aboutir à celle du Trône, je consacrerais tout l'intervalle compris entre la rue Saint-Honoré, le marché des Innocents, les rues de la Verrerie, Saint-Antoine, faubourg Saint-Antoine d'un côté, et la Seine de l'autre, à des promenades, des avenues, des jardins et des champs en culture.

Tirant de même au Midi une ligne droite de la pointe du Champ-de-Mars (vers le pont d'Iéna) à la Salpétrière, je consacrerais à un pareil usage l'espace compris entre la Seine d'un côté, et le Champ-de-Mars, les Invalides, Saint-Sulpice, le Luxembourg, le Panthéon et la Salpétrière de l'autre.

Voilà Paris divisé en deux parties bien distinctes : celle du Nord et celle du Midi. Mais ce n'est pas tout ; complétant ma division, j'opérerais de même du nord au sud, de la butte Montmartre à la barrière Mont-Parnasse, de la barrière de Belleville à la barrière Saint-Jacques. Tout l'espace compris entre les rues Faubourg-Montmartre, Montmartre, des Prouvaires, le Pont-Neuf, la rue Dauphine, Saint-Sulpice, la rue Mont-Parnasse d'une part, et les rues Faubourg-du-Temple, du Temple, l'Hôtel-de-Ville, le canal qui sépare la Cité de l'Ile Saint-Louis, le Panthéon, le Val-de-Grâce et la rue Faubourg-Saint-Jacques d'autre part, cesserait d'être un dédale de ruelles

BIBLIOTHÈQUE NATIONALE DÉPÔT LÉGAL

obscures et infectes pour se transformer, à la face du soleil, en un lieu de plaisance orné de toutes les richesses de l'agriculture et de tout le luxe de la végétation.

Ces deux lignes, de l'Ouest, à l'Est du Nord au Sud, d'avenues, de jardins et de champs, que je n'ai fait partir que du mur d'octroi actuel, seraient continuées jusqu'à l'enceinte des fortifications.

La commune de Paris se trouverait divisée, par cette croix de terrains plantés, en quatre quartiers : 1° le quartier Saint-Honoré, 2° le quartier Saint-Antoine, 3° le quartier Saint-Germain, 4° le quartier Saint-Marcel.

Je ne prétends pas frapper indistinctement, d'une pioche brutale et inintelligente, tout ce qui se trouve sur les terrains destinés à être déblayés. Non, il est des monuments glorieux pour la patrie, utiles pour la France, qui doivent rester intacts sur le sol où ils ont été édifiés. Ces chefs-d'œuvre ne sont pas faits pour être enfouis parmi des masures informes; ils demandent à être vus sous tous les aspects, admirés sur tous les points ; leur véritable place est au milieu d'un terrain plane, planté d'arbres superbes. Il faut les merveilles de la nature pour faire cortége à ces merveilles de l'art.

Avec tant de plantations Paris deviendra une forêt?... Au contraire, il cessera d'être une succursale de celle de Bondy. D'énormes plantations sont nécessaires à une grande ville, pour que l'air y soit plus pur et la santé meilleure.

Tous ces terrains déblayés ne resteront pas improductifs. C'est dans cet espace que le gouvernement établira tous ses monuments de luxe, tous ses édifices d'utilité publique, outre ceux qui s'y trouveront déjà.

Il a de tout temps existé chez les Chinois une louable coutume : un champ en culture est enclos dans l'enceinte du principal temple de Pekin. L'empereur, le jour de son couronnement, laboure lui-même une portion de ce champ, pour inspirer à ses sujets l'amour de l'agriculture. Nous ne resterons pas en arrière de ce peuple, que nous nous plaisons à appeler barbare.

Le premier soin de la République doit

être de créer des écoles d'agriculture, d'industrie, d'arts et de métiers; leur place sera là. Les champs seront réservés pour l'enseignement agricole, pour les expériences, les essais, les tentatives d'améliorations de toutes sortes.

Dans les jardins on cultivera tous les fruits, toutes les fleurs; on y réunira les plantes rares, les arbres étrangers qu'on tâchera d'acclimater. Ces champs, ces jardins seront ouverts au public, et le jeune homme de Paris sera familier, dès l'enfance, avec tous les secrets, tous les procédés de la culture, du jardinage et des diverses professions. La promenade, le loisir, la distraction, équivaudront presque, pour lui, à un apprentissage professionnel.

C'est au centre de la commune, sur les confins des quatre quartiers, vers l'île de la Cité, que sera situé le champ destiné aux fêtes et réjouissances de la République; c'est là que seront honorés les grands citoyens, c'est là que seront décernées les récompenses nationales, en face du peuple.

Paris sera immense s'il n'a pour limites

que l'enceinte des fortifications. La distance qui séparera les quartiers rendra les communications lentes et difficiles. Le cas est prévu. La vapeur est trouvée, les chemins de fer sont en pleine activité, et appliqués au service intérieur, ils relieront facilement les points les plus éloignés de la commune. Ce n'est pas d'aujourd'hui que date le premier projet de les employer au service intérieur de la capitale.

Il est bon de prévenir que les chemins de fer forment la clef de voûte de tout mon système, comme on le verra par la suite, et qu'ils sont la principale assise de l'avenir que je rêve pour mon pays.

De même que la commune est divisée en quatre quartiers, chaque quartier sera divisé en quatre villages, par deux larges avenues se coupant en croix. Au milieu de cet espace, seront situés tous les bâtiments d'utilité publique, comme la municipalité, les temples, les écoles, le théâtre, etc. Le village sera composé de rues.

Je n'entends pas par rues ces défilés obscurs où l'air ne circule pas, où le soleil ne descend jamais, espèces de boyaux sales, boueux, fétides, infects qu'on appelle aujourd'hui de ce nom.

J'entends par rue un espace d'environ cinquante mètres d'une rangée de maisons à l'autre. Divisant cet espace en trois parties égales, je consacre les seize mètres du milieu à former la voie publique pour les chevaux et les voitures, avec deux trottoirs pour les gens de pied. Les seize autres mètres de chaque côté serviront à l'établissement de jardins avec claire-voie sur la rue; chaque jardin sera une dépendance de la maison qui le borde au fond.

Pour que personne ne soit privé d'air et de lumière, choses aussi nécessaires à l'homme que la terre, les maisons n'auront que trois étages au plus ; ce qu'elles perdront en élévation, elles le gagneront en solidité.

Chaque corps de bâtiment formera un parallélogramme à peu près comme le Louvre. La cour intérieure sera divisée en jardins de seize mètres de profondeur, dépendants des logements auxquels ils aboutiront.

Le milieu de la cour sera l'emplacement des fontaines, des hangars et de toutes les constructions d'utilité commune.

Le rez-de-chaussée sur la rue sera occupé par les boutiques des vendeurs. Le rez-de-chaussée intérieur est réservé aux ateliers des producteurs.

A chaque étage, un beau corridor, ouvert au grand jour et au grand air, parcourera tout le tour du bâtiment, avec des escaliers lui donnant çà et là accès dans la rue.

Le bâtiment sera partagé en logements de diverses grandeurs, afin qu'il y en ait pour toutes les familles et pour toutes les bourses. Chaque logement aura son entrée sur le corridor commun.

La propriété devenant extrêmement divisée par la facilité qu'aura tout travailleur d'acquérir un *chez-soi* confortable, un *Code de lois sur la mitoyenneté* sera nécessaire afin de prévenir toute contestation entre voisins et de sauvegarder les intérêts de tous.

XXIX. — Conclusion.

On n'a pas besoin d'être bien fort en histoire pour savoir ce que la corruption a fait de toutes les grandes cités et de tous les grands empires où elle s'est implantée : elle les a tués. C'est donc pour Paris une question de vie et de mort. S'il ne se régénère au physique comme au moral, il périra, et peut-être la France avec lui ; car depuis un demi-siècle il est accoutumé à lui faire partager sa bonne comme sa mauvaise fortune.

Le Paris dont nous donnons une idée sera, nous l'espérons, compatible avec la République, et les révolutions auront fait leur temps.

Nous prétendons, avec notre système, délivrer la société du mal dont elle souffre, ainsi que du remède violent, pire que le mal lui-même, qu'on appelle *communisme*.

Santé du corps par l'air pur, le soleil, une nourriture saine

Santé de l'âme par le contrôle de l'opinion.

Police faite par la population. Plus de cachettes pour les malhonnêtes gens.

Plus de concurrence anarchique. Commerce florissant.

Richesses à cause de la vie à bon marché.

Liberté dans les limites du juste.

Egalité de bien-être, sinon de fortune et de talent.

Fraternité entre tous les citoyens d'un même bâtiment, d'un même village, d'un même quartier, d'une même commune, de la France.

Et tout cela PAR LA FAMILLE ET LA PROPRIÉTÉ.

L'ordre moral ne peut s'établir au milieu du désordre matériel. Il faut prendre les choses comme elles vont, et constituer l'ordre matériel avant de toucher à l'ordre moral.

L'âme ne peut être heureuse tandis que le corps souffre. Songeons à guérir le corps avant de porter remède à l'âme.

La République ne peut s'asseoir d'une manière définitive, que sur des bases matérielles posées pour elle et selon elle. Construisons solidement l'édifice, et la République viendra d'elle-même le couronner.

Nous n'avons pas accompli toute notre tâche ; nous en sommes à peine à moitié. Après avoir esquissé Paris, il nous reste à esquisser une France.

FIN.

TABLE.

FIN DE LA TABLE.

R.F.

www.ingramcontent.com/pod-product-compliance
Lightning Source LLC
Chambersburg PA
CBHW070017110426
42741CB00034B/2101
* 9 7 8 2 0 1 2 5 9 8 4 9 2 *